VENTE

Du Lundi 30 Octobre 1882

TABLEAUX

MODERNES ET ANCIENS

AQUARELLES ET DESSINS

PROVENANT EN PARTIE

De la Collection de M. L*, du Havre

Dont la vente aura lieu par suite de son décès

COMMISSAIRE-PRISEUR :

Mᵉ Léon TUAL, rue de la Victoi[illegible]

ASSISTÉ DE

M. E. FÉRAL, Peintre, rue du Faub. Montmartre, 54

(CHEZ LESQUELS SE TROUVE LE PRÉSENT CATALOGUE)

EXPOSITION PUBLIQUE

Le Dimanche 29 Octobre 1882

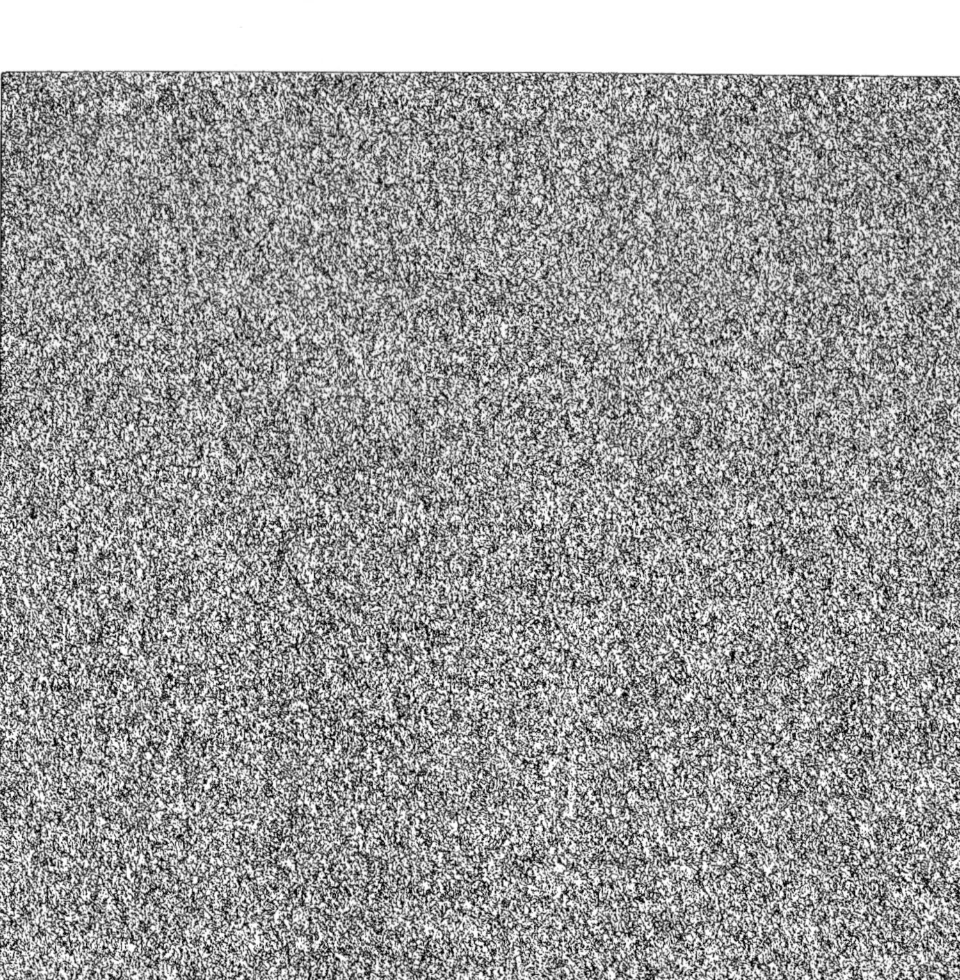

Vente du Lundi 30 Octobre 1882

HOTEL DROUOT, SALLE N° 5

A DEUX HEURES ET DEMIE

TABLEAUX MODERNES

ET ANCIENS

AQUARELLES ET DESSINS

PROVENANT EN GRANDE PARTIE

De la Collection de M. L*, du Havre

DONT LA VENTE AURA LIEU

PAR SUITE DE SON DÉCÈS

En vertu d'une ordonnance de M. le Président du Tribunal civil du Havre

EXPOSITION PUBLIQUE

Le Dimanche 29 Octobre 1882, de 1 heure à 5 heures.

COMMISSAIRE-PRISEUR :

Me Léon TUAL, rue de la Victoire, 39

EXPERT :

M. E. FÉRAL, Peintre, rue du Faub.-Montmartre, 54

CHEZ LESQUELS SE TROUVE LE PRÉSENT CATALOGUE

PARIS — 1882

CONDITIONS DE LA VENTE

Elle sera faite au comptant.

Les Acquéreurs paieront CINQ POUR CENT, en sus des enchères.

DÉSIGNATION

TABLEAUX MODERNES

ACHARD (JEAN)

1 — Paysage accidenté, avec château en ruines.

Toile. — H. 0m38. L. 0m58.

APPIAN

2 — Animaux au pâturage (Soleil couchant).

Toile. — H. 0m17. L. 0m31.

ATALAYA

3 — Le Corps de garde.

Bois. — H. 0m07. L. 0m11.

BERCHÈRE

4 — Arabes et leurs chevaux (Effet de soleil couchant).

Bois. — H. 0m33. L. 0m46.

BEUCHOT

5 — Les Présents.

H. 0m75. L. 0m60.

BEUCHOT

6 — La Science des dupes.

H. 1m10. L. 1m00.

CALAME

7 — Paysage suisse.

H. 0m41. L. 0m54.

CAUCHOIS

8 — Nature morte.

H. 0m45. L 0m40.

CHRISTOL (Frédéric)

9 — Au bord d'une rivière.

H 0m21. L. 0m25.

CODINA LANGLIN (V.)

10 — Lapin de garenne et Objets divers sur une table.

H. 0m36. L. 0m44.

DAMERON

11 — Geai suspendu par la patte.

Bois. — H. 0m45. L. 0m29.

DAMOYE

12 — Paysage d'automne.

H. 0m32. L. 0m60.

DEFAUX (A.)

13 — Etude d'arbres.

Esquisse.

Bois. — H. 0m34. L. 0m26.

DROUIN (J.)

14 — Marine.

Toile. — H. 0m28. L 0m44.

DROUIN (J.)

15 — Bateaux arrivant au port.

Toile. — H. 0m28. L. 0m44.

DU SUAU

16 — La Promenade de Longchamps.

Esquisse

H. 0m12. L. 0m33.

GALLIOT (L.)

17 — Prunes et Cafetière de cuivre sur une table.

Bois. — H. 0m18. L. 0m25.

GUDIN (T.)

18 — Coucher de soleil en mer.

H. 0m64. L. 1m95.

GUÉRARD (H.)

19 — Port de mer.

Bois. — H. 0m13. L. 0m31.

HAMMAN (Fils)

20 — Attelage de bœufs sur une plage de Normandie.

H. 0m38. L. 0m54.

HÉREAU (J.)

21 — Chevaux de labour.

Bois. — H. 0m21. L. 0m27.

HOGUET

22 — Paysage par un temps de pluie.

Bois. — H. 0m16. L. 0m22.

JOURNAULT (E.)

(Deux pendants)

23 — Parc de La Coudraye, en 1871.

Cartons. — H. $0^{m}10$. L. $0^{m}16$.

JOURNAULT (E.)

24 — Paysage breton et Villageois au repos.

Toile. — H. $0^{m}18$. L. $0^{m}26$.

INNOCENTI

25 — La Sérénade.

Bois. — H. $0^{m}32$. L. $0^{m}24$.

INNOCENTI

26 — La Réprimande du grand'père.

Bois. — H. $0^{m}24$. L. $0^{m}32$.

LANFANT DE METZ

27 — Paysane et petite Fille.

Bois. — H. $0^{m}20$. L. $0^{m}15$.

LANFANT DE METZ

28 — Enfants dans un intérieur.

Bois. — H. $0^{m}18$. L. $0^{m}09$.

LANFANT DE METZ

29 — Guerrier gaulois.

Toile. — H. 0m24. L. 0m15.

LANFANT DE METZ

30 — Piqueur suivi de ses chiens.

Bois. — H. 0m21. L. 0m15.

LANFANT DE METZ

31 — Chasse au renard.

Bois. — H. 0m14. L. 0m25.

L'HAY (M. de)

32 — Entrée de village.

Toile. — H. 0m45. L. 0m65.

L'HAY (M. de)

33 — Bords d'une rivière.

Non encadré.

H. 0m54. L. 0m65.

L'HAY (M. de)

34 — Les Bords d'une rivière au soleil couchant.

Toile. — H. 0m31. L. 0m45.

MATHON

35 — Départ pour la pêche (Soleil couchant).

H. 0m36. L. 0m72.

MATHON

36 — Vue prise au port d'Alger.

H. 0m34. L. 0m59.

MAURICE COURANT

37 — Gros Temps gris.

H. 0m35. L. 0m53.

NOEL (Jules)

38 — Cours d'eau et Laveuses en Bretagne.

Toile. — H. 0m53. L. 0m35.

PAPELEU (V.)

39 — La Place de la Madeleine par un temps de neige.

Bois. — H. 0m44. L. 0m36.

PLASSAN

40 — Le Pont de Joinville.

H. 0m13. L. 0m24.

PLASSAN

41 — Le Clain sous Poitiers.

H. $0^{m}14$. L. $0^{m}20$.

RIBOT (G.)

42 — Fleurs.

H. $0^{m}60$. L. $0^{m}45$.

ROSSANO

43 — Les Hêtres.

H. $0^{m}39$. L. $0^{m}52$

SCHAKEWITS (J.)

44 — Pêcheurs et Bateaux sur la plage.

Toile. — H. $0^{m}36$. L. $0^{m}54$.

SCHAKEWITS (J.)

45 — Plage à marée basse, avec pêcheurs.

Toile. — H. $0^{m}31$. L. $0^{m}38$.

SCHAKEWITS (J.)

46 — Les Pêcheurs de crevettes.

Toile. — H. $0^{m}31$. L. $0^{m}39$.

SCHAKEWITS (G.)

47 — Les Mauvais Joueurs.

Bois. — H. 0^m34. L. 0^m25.

TROYON

48 — Scène d'intérieur.

Esquisse.

H. 0^m 00. L. 0^m 00.

TROYON

49 — Paysage.

Esquisse.

H. 0^m 00. L. 0^m 00.

WATELIN

50 — Forêt de Fontainebleau.

H. 0^m19. L. 0^m23.

VEGELL

51 — Oiseau mort.

Toile. — H. 0^m35. L. 0^m25.

VEYRASSAT (J.)

52 — Plage à marée basse.

Bois. — H. 0^m18. L. 0^m32.

VOLLON (A.)

53 — Effet de neige.

H. $0^{m}55$. L. $0^{m}45$.

VOLLON (A.)

54 — Bateaux et Chaumière au bord d'une mare.

Bois. — H. $0^{m}25$. L. $0^{m}38$.

ÉCOLE MODERNE

55 — Famille de pêcheurs.

Toile. — H. $0^{m}50$. L. $0^{m}70$.

ÉCOLE MODERNE

56 — Cour de maison en Espagne.

Esquisse.

Toile. — H. $0^{m}38$. L. $0^{m}31$.

TABLEAUX ANCIENS

MONNOYER (B.)

57 — Fleurs dans un vase de cristal.

Toile. — H. $0^{m}31$. L. $0^{m}23$.

MICHEL (G.)

58 — Arbres et Maisons au sommet d'un monticule.

Toile. — H. 0m62. L. 0m78.

MICHEL (G.)

59 — Chaumière auprès d'une mare (Vue prise dans la plaine Saint-Denis).

Toile. — H. 0m58. L. 0m70

ROBERT (Hubert)

60 — Le Tibre aux environs de Rome.

Charmant et spirituel tableau de l'artiste.
Signé.

Bois. — H. 0m22. L. 0m33

ROBERT (Hubert)

61 — Le Pont de Charenton.

Signé en toutes lettres.

Bois. — H. 0m21. L. 0m32.

ROBERT (Hubert)

62 — Paysage avec Moulin. (Au premier plan, un pont de bois; sur la gauche, des pêcheurs ont jeté leurs filets.)

Toile. — H. 0m31. L. 0m50.

SEGHERS

63 — Fleurs et Figures.

H. 1^m14. L. 0^m67.

VOLAIRE (le Chevalier)

64 — Paysage avec chûte d'eau et Pêcheurs au premier plan.

Toile. — H. 0^m68. L. 1^m12.

VOLAIRE (le chevalier)

(*Pendant du précédent*)

65 — L'Éruption du Vésuve.

Effet de clair de lune.

Toile. — H. 0^m68. L. 1^m12.

ÉCOLE FRANÇAISE

66 — Satyre et Bacchante.

Esquisse.

Bois. — H. 0^m20. L. 0^m14.

AQUARELLES ET DESSINS

ASTRUC

67 — Intérieur japonais et Poupée japonaise.

Deux aquarelles.

GUIGNÉ

68 — Ormesson, près Enghien.

Aquarelle.

GUIGNÉ

69 — Montmorency (Effet de lune).

Aquarelle.

JACQUEMART

70 — Algérienne.

Dessin.

INNOCENTI

71 — Effet de neige.

Aquarelle.

REGNAULT (H.)

72 — Esquisse à la plume.

RIBOT

73 — Tête d'enfant.

Dessin.

ROUSSEAU (Th.)

74 — Chemin en forêt.

Dessin.

TADEMA (A.)

75 — Lettre ornée.

Dessin.

VERBOECKHOVEN

76 — Paysage avec animaux.

Dessin.

TABLEAUX DIVERS

BARON

77 — Deux Jeunes Artistes.

BAKALOWICZ

78 — Sentinelle endormie.

BENSA

79 — Le Retour au château.

BENSA (A. DE)

80 — Chariot hongrois.

BENOUVILLE

81 — Un Poëte.

BERNADET (O.)

82 — La Fin d'une sérénade.

BINET

83 — Chevaux au vert.

BRISSOT

84 — Vaches.

CALVÈS

85 — Anes à vendre.
86 — Chèvres.

DAMERON

87 — Rentrée du troupeau.

DEFAUX

88 — Intérieur de ferme.
89 — Paysage.
90 — Moutons.

DESHAYES (EUGÈNE)

91 — Les Bords d'une rivière (Soleil couchant).

DESOGE

92 — Fleurs des champs.

DIAZ

93 — La Toilette de la sultane.
94 — Paysage (Effet de printemps).
95 — Peinture à la cire.

FARCINI

96 — Fleurs.

GILBERT

97 — Salade aux œufs rouges.

GUILLEMIN

98 — Breton.

Provenant de sa vente.

HUET (Paul)

99 — Les Hauteurs de Meudon.

KLEYN

100 — Paysage hollandais (Effet de neige).

LANFANT DE METZ

101 — Les Souliers de Noël.
102 — Le Jour de l'an.
103 — Situation critique.
104 — La Dispute.

LA ROCHENOIRE

105 — Animaux au pâturage.

MILLET (J.-F.)

106 — Le Muletier.

107 — Les Bûcherons.

Croquis au fusain.

MURATON (A.)

108 — Le Cellier.

PERRET (Aimée)

109 — Indolence.

PIGAL

110 — Les Pêcheurs à la ligne.

PIZZALA

111 — Une Muse.

PLACE

112 — Nymphe dans un bois.

POTÉMONT (A.)

113 — Un Tour de jardin.

POUSSIN (C.)

114 — Villa romaine.

RIBOT

115 — Fleurs.

116 — Fantaisie.

117 — Fleurs dans un verre.

RICHTER

118 — Une Visite.

RION

119 — Une Maison de campagne.

TOURNEMINE (Ch. de)

120 — Maison mauresque au bord d'une rivière.

VALLÉE

121 — Aux bords de l'étang.

WOUTERMAERTENS (E.)

122 — Moutons au pâturage.

Ve Renou, Maulde et Cock, impr. de la Compagnie des Commissaires-Priseurs, rue de Rivoli 144. 32452

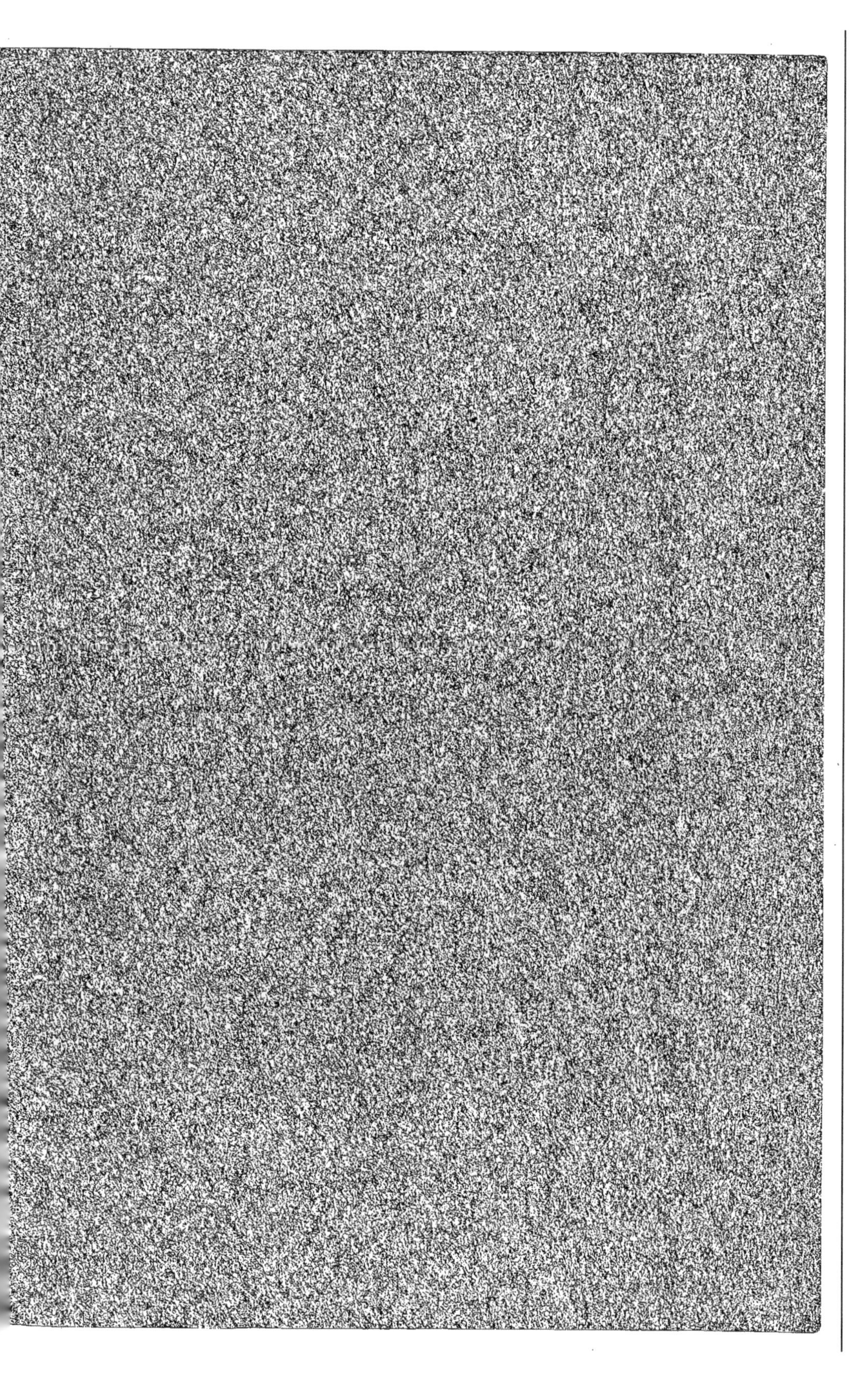

Ve RENOU, MAULDE et COCK

IMPRIMEURS DE LA COMPAGNIE DES COMMISSAIRES-PRISEURS

Rue de Rivoli, 144.